DISCOURS

PRONONCÉ LE 9 JANVIER 1877

DANS L'ÉGLISE DE SAINT-NICOLAS DE BORDEAUX

PAR

MONSEIGNEUR L'ÉVÊQUE D'AGEN

A L'OCCASION DU MARIAGE [Mgr Fonteneau]

DE

M. JAMES VEYRIER-MONTAGNÈRE ET DE Mlle CLÉMENCE FROIN.

Conserver la couverture

DISCOURS

PRONONCÉ LE 9 JANVIER 1877

DANS L'ÉGLISE DE SAINT-NICOLAS DE BORDEAUX

PAR

MONSEIGNEUR L'ÉVÊQUE D'AGEN

A L'OCCASION DU MARIAGE

DE

M. JAMES VEYRIER-MONTAGNÈRE ET DE Mlle CLÉMENCE FROIN.

> Sacramentum hoc magnum est, dico in Christo et in Ecclesiâ.
>
> « Le mariage est un grand sacrement, dit l'apôtre saint Paul, en Jésus-Christ et dans l'Église. »
>
> (EPHES. V. 32.)

MES BIEN-AIMÉS FILS EN NOTRE-SEIGNEUR,

C'est le glorieux privilége de la Religion d'imprimer aux actes de l'existence humaine, par son contact, un caractère de grandeur incomparable. Elle est touchante, quand elle accueille l'homme à son entrée dans le monde, pour l'admettre au nombre de ses enfants, le marquer du signe auguste de la croix et l'armer d'une force divine en prévision des luttes et des orages de la vie.

Elle est maternelle et compatissante, lorsqu'elle reçoit sur les dalles du temple la dépouille mortelle du chrétien pour l'honorer et qu'elle fait monter vers le Ciel des chants mêlés de larmes et de prières, pour le soulagement de son âme et la consolation de ses proches.

Mais elle est admirable surtout, quand elle conduit au pied de ses autels deux cœurs qui veulent s'unir pour fonder une famille nouvelle ; quand elle entend leurs serments pour les rendre inviolables ; quand elle bénit leur alliance pour la sanctifier ; quand elle fait descendre sur eux les grâces et la protection de Celui qui est le père des âmes et le lien des sociétés.

Il est de mon devoir de vous rappeler, mes bien-aimés fils, la divine noblesse de l'union que vous allez contracter. Or, vous en trouverez l'éclatante révélation dans la parole inspirée de saint Paul.

Le mariage, dit-il, est un grand sacrement en Jésus-Christ et dans son Église.

Sans doute il fut une chose sainte au jour de son institution ; l'Écriture en parle en des termes qui imposent le respect, puisqu'ils font de l'homme un protecteur et un soutien, de la femme une compagne pleine de dévouement et de charmes.

Mais l'esprit du mal ne tarda pas à défigurer l'œuvre du créateur ; il substitua la passion à la sainteté, le caprice à l'inviolabilité, la tyrannie à l'amour, en un mot la dégradation à la dignité et à l'honneur.

Et Jésus-Christ, qui était venu tout réparer par la Rédemption fit *surabonder le remède là où avait abondé le mal.*

Après avoir régénéré et sanctifié l'enfant et le jeune homme dans sa Personne, la femme dans Marie, sa mère, l'homme mûr dans saint Joseph; après avoir établi pour les degrés de la vie de l'âme, comme pour ses infirmités, une source de réparation et de salut par les divers canaux de la grâce, il compléta son œuvre en relevant le mariage. Il en fit, non plus seulement une cérémonie sainte, mais un *sacrement;* et ainsi la famille devint un *sanctuaire,* dont Nazareth fut le type accompli.

Et pour rendre ce sacrement plus vénérable aux yeux du genre humain racheté, il l'établit comme un reflet de l'union éternelle qui réjouit dans le Ciel les trois personnes divines, et comme une image des noces augustes du Christ avec son Église : *Sacramentum hoc magnum est, in Christo et in Ecclesiâ.*

Tel est le point de vue élevé, d'où vous devez considérer votre union. Pour en mesurer la grandeur, il vous suffira de jeter un regard sur le Calvaire, où fut consommée l'œuvre de la rédemption. Celui des évangélistes qui avait reposé sa tête sur le Cœur adorable de son Maître et qui en avait pénétré les secrets desseins, nous enseigne que la lance du soldat fit découler du côté de Jésus-Christ, endormi sur l'arbre de la croix, du sang et de l'eau, détail ineffable dont les saints Docteurs ont fixé le sens mystérieux. Ils y ont vu le touchant mémorial du sommeil de l'Éden et le doigt de Dieu transperçant le côté du second Adam pour en former ce mélange de divinité et d'humanité qui est l'Église et qui figure la femme chrétienne. Ils y ont découvert le souvenir de la miraculeuse conversion de l'eau en vin, opérée dans ces fêtes nuptiales de Cana que le Sauveur avait daigné honorer et sanctifier par sa présence.

Les Saints Pères y ont admiré surtout deux magnifiques réalités : celle de la grâce, inondant les âmes, les faisant naître à la vie spirituelle par l'eau du baptême et croître en la vie divine par le sang de l'Eucharistie ; — celle de l'union des époux chrétiens, se prêtant leur concours pour donner des frères à Jésus-Christ, des membres à l'Église et des élus au Ciel.

Voilà le sens complet et profond de la parole de saint Paul, quand il s'écrie : En vérité le mariage est un grand sacrement dans le Christ et l'Église. *Sacramentum hoc magnum est in Christo et in Ecclesiâ.*

Divin en lui-même, le mariage devra l'être aussi en vos personnes et il le sera, si vous reproduisez dans votre alliance les traits qui caractérisent l'union de Jésus-Christ avec l'Église, son épouse mystique.

L'amour réciproque de Jésus-Christ et de l'Église est un amour sans fin ; il demeure avec elle et elle vit pour lui, et leur union est indissoluble : *Usque ad consummationem seculi.*

Ainsi en sera-t-il de votre mutuelle affection. — La religion va recevoir vos serments ; or, vous le savez, l'homme se lie par sa parole, qui est l'expression de sa volonté. Mais combien cette parole est plus grave, plus réfléchie, plus solennelle, quand elle est donnée dans le recueillement du temple. Or, il est dans ce tabernacle, le Dieu qui entendra vos engagements et qui en sera le protecteur après en avoir été le témoin. Voilà pourquoi votre affection devra être éternelle. Il faudra que vous vous aimiez à la vie et à la mort.

L'amour réciproque de Jésus-Christ et de son Église est pur et saint. Ainsi en sera-t-il du vôtre. Oh ! l'ineffable sujet de consolation ! Non, nous n'avons pas à gémir en cet instant sur les dispositions profanes, sur la légèreté et le tumulte de pensées frivoles et mondaines qu'apportent parfois les époux au pieds des autels avant de contracter des liens irrévocables. Hélas ! chrétiens de nom seulement, ils n'apprécient pas les dons de Dieu !..... Mais vous, si dignes objets de nos plus douces espérances, vous ne nous inspirez aucune de ces appréhensions. Elevés tous deux dans la crainte et l'amour du Seigneur ; accoutumés dès l'enfance à porter son joug sous les religieuses influences de la foi et des vertus de famille, enrichis dans votre adolescence d'une éducation chrétienne, vous avez compris, à cette double école d'honneur et de piété, qu'aucun avantage de la nature ou de la fortune ne l'emporte sur les joies d'une bonne conscience, et vous vous faites mutuellement, à cette heure, le plus précieux de tous les dons, celui d'un cœur pur et qui n'a connu que des affections légitimes. Aussi je n'ai pas à le redouter, les paroles qui sortiront de ma bouche ne se tourneront point en malédictions pour vos âmes si croyantes et si bien préparées. Bossuet, en parlant de l'union de Marie et de Joseph, les compare à deux astres brillants qui entrent en conjonction pour se communiquer leurs mutuelles lumières. Et nous, en ce moment, nous osons comparer votre alliance à celle de deux anges, l'ange de la charité et l'ange de la piété, s'unissant pour se communiquer leurs vertus et vivre heureux dans l'accomplissement de la volonté divine.

Enfin, l'amour réciproque du Christ et de l'Église est généreux ; Jésus a accepté pour elle tous les sacrifices et la mort de la Croix ; l'Église accepte pour Jésus toutes les épreuves et toutes les souffrances. Le dévouement sera aussi le sceau de votre union ; il la rendra plus intime et plus forte. Votre constante sollicitude sera d'embellir votre existence par vos prévenances mutuelles et affectueuses, par une douceur inaltérable, par des soins assidus, par des sacrifices empressés qui coûtent peu aux âmes nobles. Chaque heure de votre vie sera également marquée par de graves devoirs ; vous y compterez sans doute des vicissitudes et des peines, car la carrière la plus heureuse et la plus enviée n'en est pas exempte ; votre dévouement accomplira les uns et adoucira les autres. Ainsi, vous répandrez le bonheur au milieu de vous ; vos jours seront parsemés de joies et d'espérances et vos tristesses, si quelques-unes viennent s'y mêler, vos tristesses seront moins amères, que dis-je ? elles revêtiront un certain charme, puisqu'elles seront partagées.

Mais pourquoi insister sur ces enseignements ? N'aurais-je pas meilleure raison de vous dire, mes bien-aimés Fils : *inspice et fac secundùm exemplar ?* Jetez un regard autour de vous, sur ces deux familles qui désormais n'en feront qu'une, et suivez les exemples d'honneur, de vertu et de religion qu'elles vous lèguent, comme leur plus précieux héritage. Une longue et précieuse amitié m'a permis de connaître l'une d'elles ; j'ai pu apprécier l'autre par la juste considération, la profonde estime, la sympathie universelle dont elle est l'objet, dans la contrée qu'elle couvre de bienfaits. L'une et l'autre me remettent en mémoire ce type de famille chrétienne, devenu si rare aujourd'hui, et dont Tertullien nous retrace en ces termes la délicieuse et grave peinture: « Qu'elle est touchante l'alliance de ces deux époux bénis du Ciel, n'ayant qu'un même toit, un même nom, un même cœur, une même vie ; tous deux disciples de la religion, pénétrés tous deux d'amour et de respect pour elle, et trouvant tous deux près d'elle la garantie de leur bonheur ! Ils prient, ils se prosternent ensemble ; ils s'instruisent et s'encouragent l'un l'autre et se supportent mutuellement. Ensemble, ils viennent louer Dieu dans son temple, écouter sa parole, participer au banquet sacré, offrant ainsi au monde étonné tous les charmes de l'aimable vertu et l'image si suave de l'ordre divin en toutes choses. Enfin ils partagent ensemble les biens et les maux, les consolations et les peines inévitables de la vie présente. Les peines y sont plus fréquentes que les joies ; mais qu'importe ? ils savent porter dignement jusqu'au bout le poids de leurs devoirs. »

Quel tableau, et quel modèle !... N'y reconnaissez-vous pas, trait pour trait, l'intérieur de chacune de vos familles ? Qu'il soit désormais votre programme. Pour obtenir la grâce de le réaliser, vous prierez de toute la ferveur de vos âmes. D'ardentes supplications accompagneront les vôtres, et le sang de l'Agneau sans tâche va être offert pour vous.

L'ami, l'intime ami d'un père est presque un père ; il en trouve dans son cœur les sentiments et les vœux ; et, ministre du Très-Haut, montant à l'autel, il lui semble qu'il intercède pour des enfants chéris.

Daignez, Seigneur, nous vous en supplions, daignez abaisser vos regards sur ce sanctuaire. Voyez ces cœurs qui se consacrent à vous, avant de s'unir, et qui n'apportent à vos pieds aucun sentiment indigne de la présence de vos Anges et de la majesté de vos adorables mystères.

Dieu d'Abraham et de Jacob, de Sara et de Rachel, qui environnâtes de consolation et de gloire les chastes alliances des Patriarches, qui donnâtes vous-même dans l'Eden, aux jours d'innocence, la première bénédiction nuptiale ; et vous, ô Jésus, Dieu de l'Evangile et Dieu d'amour, qui avez sanctifié par votre auguste présence les noces de Cana, bénissez cette religieuse union. Vous le savez, la piété paternelle et maternelle forma ces époux, que vous destiniez l'un à l'autre. Le moment est arrivé. Bénissez-les de toute la puissance de votre grâce, ô mon Dieu ! A l'ombre de vos ailes, ils formeront une famille prospère ; et, vous prenant toujours pour terme de leurs désirs, ils suivront la voie véritable qui conduit au bonheur ; ils accompliront ensemble les jours de pèlerinage que vous leur accorderez, pour se retrouver dans les joies inaltérables de l'immortelle patrie.

Ainsi soit-il !

AGEN, IMPRIMERIE P. NOUBEL. — FERNAND LAMY, SUCCESSEUR.

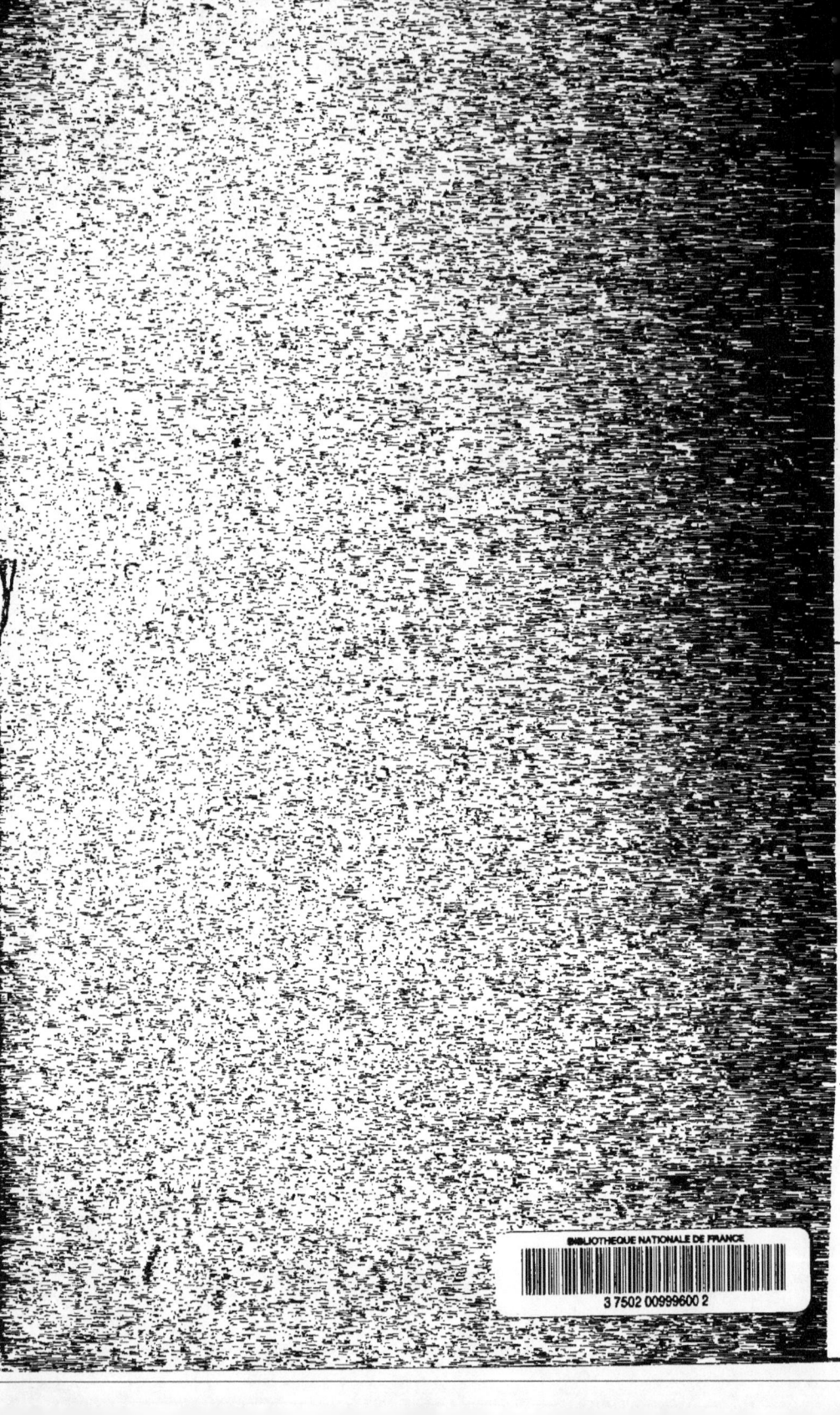

www.ingramcontent.com/pod-product-compliance
Lightning Source LLC
Chambersburg PA
CBHW071424060426
42450CB00009BA/1992